Leserabe
3. Lesestufe

Manfred Mai

Laura, du schaffst das!

Eine Pferdegeschichte

Mit Bildern von Silvio Neuendorf

Ravensburger Buchverlag

Bibliografische Information Der Deutschen Bibliothek:

Die Deutsche Bibliothek verzeichnet diese Publikation
in der Deutschen Nationalbibliografie.
Detaillierte bibliografische Daten sind im Internet
über **http://dnb.ddb.de** abrufbar.

Die Schreibweise entspricht den Regeln der neuen Rechtschreibung.

3 2 1 04 05 06

Ravensburger Leserabe

Umschlagbild: Silvio Neuendorf
Umschlagkonzeption: Sabine Reddig
Printed in Germany
ISBN-3-473-36050-3

www.ravensburger.de
www.leserabe.de

Vor einem Jahr

Die Ponys trabten hintereinander über den Reitplatz.
„Aussitzen!“, rief Herr Lubitsch. „Ihr müsst entspannt im Sattel sitzen!“
Lisa saß entspannt im Sattel. Sie und Wirbelwind schienen eine Einheit zu sein. Die weichen Bewegungen des Pferdes wurden von Lisa ebenso weich erwidert.

Herr Lubitsch, der mit Lob normalerweise sehr sparsam umging, sagte einmal, Lisa habe einen goldenen Hintern.
Einen goldenen Hintern hatte Lisas Freundin Laura nicht, auch wenn sie für eine Neunjährige schon recht gut ritt. Aber sie musste sich viel mehr anstrengen als Lisa, bei der alles immer so leicht und locker aussah.
Während die Ponys im Kreis trabten, gab Herr Lubitsch seine Anweisungen.
„Rücken gerade, Jessica!
Anne, nimm die Hände tiefer!
Mareike, du sollst die Zügel straffer halten!
Fersen nach unten, Laura!“
Nichts entging seinen scharfen Augen, selbst die kleinsten Fehler sah er. Als Herr Lubitsch endlich zufrieden war, sollten die Ponys zum Abschluss der Stunde noch

eine Runde galoppieren. Aber Prinzessin trabte einfach weiter, so schnell, dass Laura abfedern musste und nicht im Sattel sitzen bleiben konnte.

„Was ist denn los, Laura?“, rief Herr Lubitsch. „Wenn du abfederst, geht Prinzessin nie im Galopp. Der Hintern bleibt im Sattel und mit dem inneren Schenkel musst du sie antreiben!“

Laura strengte sich an – und schaffte es.

Prinzessin fiel in einen leichten Galopp. „Richtig aussitzen!“, rief Herr Lubitsch. „Und den Schenkeldruck nicht vergessen!“

Auch bei den anderen Mädchen korrigierte er wieder ununterbrochen. Sogar bei Lisa, die ihm jetzt zu locker im Sattel saß. „He, Lisa, wir sind hier nicht im Zirkus!“

„Jaja!“, brummte Lisa und ritt die letzte Runde wieder vorbildlich.

„Schluss für heute!“, rief Herr Lubitsch. „Schritt und langer Zügel!“

Nach der Stunde sattelten die Mädchen ihre Ponys ab und begannen sie zu putzen und zu striegeln. Danach führten Laura und Lisa ihre Ponys in den Stall. Als Prinzessin in der Box stand, suchte sie mit den Lippen die Taschen von Lauras Reithose ab.

„He, du freches Schleckermaul!“, sagte Laura. „Ich habe nichts mehr für dich.“ Prinzessin wieherte, als wollte sie sagen: Das glaube ich nicht.
„Was, du glaubst mir nicht?“, fragte Laura. „Dann schau mal her!“ Sie wollte Prinzessin ihre leere Hosentasche zeigen, da kam noch eine halbe Möhre zum Vorschein. „Na, so was“, murmelte sie überrascht. „Die hast du wohl gerochen.“ Prinzessin machte den Hals lang und holte die Möhre mit ihren weichen Lippen von Lauras flacher Hand.
„Jetzt hast du's wieder gesehen“, sagte Lisa, die alles beobachtet hatte, „manchmal sind die Ponys klüger als wir.“ Laura nickte, klopfte Prinzessin liebevoll den Hals und flüsterte: „Und du bist besonders klug.“
„Wirbelwind ist genauso klug“, sagt Lisa.

„Klar“, sagte Laura. „Prinzessin und Wirbelwind sind die klügsten Ponys auf der ganzen Welt.“

Lisa widersprach nicht.

Nachdem sich die Mädchen von den Ponys verabschiedet hatten, gingen sie zu ihren Fahrrädern und machten sich auf den Heimweg.

Die Reitschule liegt am Dorfrand, Laura und Lisa brauchten höchstens zehn Minuten bis nach Hause – wenn sie unterwegs nicht trödelten.

„Kommst du mit zu mir?“, fragte Lisa.

„Heute gehen wir mal wieder zu mir“,

antwortete Laura. „Bei mir können wir im Garten spielen.“
„Bei mir in meinem Zimmer“, sagte Lisa.
Während jede versuchte, die andere zu überreden, erreichten sie die Hauptstraße, die sie überqueren mussten. Von links kamen drei Autos, die ließen sie vorbei. Von rechts näherte sich ein Laster, trotzdem fuhr Lisa los.
Laura war überrascht. Sie zögerte, trat dann aber doch in die Pedale und fuhr hinter ihrer Freundin her. Die schaffte es bis zur anderen Straßenseite, Laura nicht.

Obwohl der Fahrer bremste und noch versuchte auszuweichen, erwischte er Laura mit dem rechten Vorderrad.
„Laura!“, rief Lisa. Sie ließ ihr Rad fallen und lief zu ihrer Freundin. Als sie aber Laura unter dem Laster liegen sah und das viele Blut drumherum, kniff sie schnell die Augen zu.
Der Fahrer sprang aus dem Führerhaus und lief zu Laura. „Mein Gott!“, sagte er und starrte Laura an.
„Lebt sie?“, fragte plötzlich eine Männerstimme hinter ihm.
Der Fahrer zuckte mit den Schultern.
„Wir müssen schnell einen Krankenwagen rufen und einen Druckverband anlegen, damit sie nicht zu viel Blut verliert“, sagte der Mann und holte den Verbandskasten aus seinem Auto.
Der Fahrer sprang ins Führerhaus und

forderte per Telefon einen Krankenwagen an.

Inzwischen hatte eine Frau hinter dem Laster gehalten. Sie half dem Mann, das schwer verletzte rechte Bein von Laura zu verbinden.

Lisa stand immer noch am gleichen Platz. Inzwischen hatte sie die Augen wieder geöffnet und sah alles wie durch einen Schleier.

„Laura“, sagte sie leise.

Immer mehr Menschen versammelten sich an der Unfallstelle. Manche wollten helfen, andere gafften nur.

Zum Glück dauerte es nicht lange, bis der Krankenwagen kam. Laura wurde kurz untersucht, auf eine Trage gelegt und in den Krankenwagen geschoben, der sofort mit Blaulicht und Martinshorn losfuhr.
Lisa stand wie benommen am Straßenrand. Ein Polizist fragte sie etwas, aber Lisa konnte nicht antworten. Ihr Kopf war völlig leer.
„Ich bringe sie nach Hause", sagte ein Mann.
Der Polizist nickte.

Zu Hause warf sich Lisa weinend in Mamas Arme. Es dauerte lange, bis sie sich beruhigte und reden konnte. Stockend erzählte sie, wie alles passiert war. Dann fragte sie leise: „Wird Laura wieder gesund?“
„Bestimmt“, antwortete Mama.
Lisa hoffte sehr, dass ihre Mama Recht hatte. Aber die vielen schlimmen Bilder in ihrem Kopf ließen sie zweifeln.
Lisas Zweifel waren berechtigt. Ihre Freundin schwebte zwei Tage zwischen Leben und Tod. Am dritten Tag verbesserte sich Lauras Zustand und am vierten bestand nach Aussagen der Ärzte keine Lebensgefahr mehr. Aber Lauras rechtes Bein war so schwer verletzt, dass die Ärzte es trotz aller Bemühungen nicht retten konnten. Es musste bis unter das Knie amputiert werden.

Für Laura begann eine sehr schwere Zeit. Zuerst wollte sie einfach nicht glauben, dass ihr ein halbes Bein fehlte. Sie weinte, schrie, jammerte und tobte. Oft lag sie auch völlig teilnahmslos im Bett, wollte nichts sehen und nichts hören. Sie dachte immer wieder, das alles sei ein böser Traum, aus dem sie mit zwei gesunden Beinen aufwachen werde. Wenn sie dann ihr halbes Bein sah, wünschte sie sich manchmal, tot zu sein. Nur sehr langsam konnte sich Laura an den Gedanken gewöhnen, mit eineinhalb Beinen leben zu müssen.

Auch für Lisa war dieser Gedanke schrecklich. Sie machte sich Vorwürfe, weil sie als Erste über die Straße gefahren war. Und obwohl alle sagten, sie habe keine Schuld an dem Unfall, quälte sie ihr Gewissen. Es dauerte lange, bis Lisa ihre Freundin im Krankenhaus besuchen konnte. Und als sie das halbe Bein sah, lief sie weinend aus dem Zimmer. Nur mit viel Geduld schafften es die Eltern, Ärzte und Psychologen, die beiden Mädchen an die neue Situation zu gewöhnen.

Eine Überraschung für Laura

Inzwischen ist mehr als ein Jahr seit dem Unfall vergangen. Laura hat eine sehr gute Prothese und kann sich damit schon prima bewegen. Nur auf ein Fahrrad und auf ein Pony hat sie sich seit dem Unfall nicht mehr gesetzt.

„Hättest du denn wieder Lust zu reiten?“, fragt Mama eines Tages beim Mittagessen.

Laura ist so überrascht, dass sie sich verschluckt und kräftig husten muss. Papa klopft ihr auf den Rücken. Als sie wieder bei Stimme ist, fragt Laura: „Kann ich denn reiten?“

„Ob du es noch kannst, weiß ich natürlich nicht“, antwortet Mama, „aber du darfst – wenn du möchtest.“

„Wirklich?“

Papa nickt. „Wir haben mit Dr. Seebalt gesprochen. Er hat nicht nur nichts dagegen, er meint sogar, es würde dir gut tun. Allerdings schlägt er vor, dass du nicht in die Reitschule von Herrn Lubitsch gehst …“

„Warum nicht?“, fragt Laura dazwischen.

„Ja … also … Dr. Seebalt meint …“, Papa stockt.

„Dr. Seebalt hat vorgeschlagen, dass wir dich in eine besondere Reitschule bringen sollen“, sagt Mama.

„Was für eine besondere Reitschule?“

Mama und Papa schauen sich an.

„Nun sagt schon!“, drängelt Laura.

Papa fährt sich mit der Hand durchs Haar, wie immer, wenn er nicht recht weiter weiß. „In Albstadt gibt es einen Reitklub für … Behinderte …“

„Für Behinderte?“, fragt Laura und guckt ihren Papa an, als müsse sie sich verhört haben.

„Laura …“

„Ich bin doch nicht behindert!“ Laura springt auf, dass ihr Stuhl nach hinten kippt und polternd auf den Boden fällt.

Mama hält sie fest. „Natürlich bist du nicht behindert!“

Laura reißt sich los und hüpft durchs Zimmer. „Ich kann hüpfen und laufen und bekloppt bin ich auch nicht!“

„Laura!“, rufen Mama und Papa gleichzeitig.

Laura bleibt stehen, fängt an zu weinen und wirft sich Mama in die Arme. „Ich bin

doch nicht behindert“, nuschelt sie in Mamas Pulli.
„Nein, mein Schatz, natürlich nicht“, sagt Mama und streicht ihr zärtlich übers Haar.
Nach einer Weile versucht es Papa noch einmal. „Dr. Seebalt meint doch nur, der normale Reitbetrieb bei Herrn Lubitsch sei am Anfang noch nichts für dich.“
„Ich reite nicht bei Behinderten“, entgegnet sie. „Dann lieber gar nicht.“
Wieder fährt sich Papa durchs Haar.
„Vielleicht sollte sie es einfach mal bei Herrn Lubitsch versuchen“, sagt Mama.
„Am besten mit ein paar Einzelstunden. Dann sehen wir ja, wie es geht.“
„Mhm“, macht Papa. „Das ist keine schlechte Idee. Was meinst du, Laura?“
Sie nickt nur.
„Und wenn es mit dem Reiten klappt, gibt’s eine Überraschung“, sagt Papa.

„Was für eine Überraschung?"
Papa will noch nichts verraten.
„Jetzt hast du gegackert, jetzt musst du das Ei auch legen", sagt Mama.
Laura guckt ihre Mama erstaunt an. „Papa ist doch kein Huhn."
„Genau", sagt Papa. „Verteidige mich!"
Weil Laura das Wortgeplänkel ihrer Eltern nicht versteht, erklärt Mama, wie sie das mit dem Gackern und Legen gemeint hat.
„Ach so", murmelt Laura. „Und was ist das für eine Überraschung?"
Papa räuspert sich. „Also wenn es mit dem Reiten klappt, bekommst du ein eigenes Pony."
Laura sperrt Mund und Augen auf. „Ein … ein eigenes Pony …"
„Nur für dich allein", bestätigt Mama.
Da schlingt Laura die Arme um Mamas Hals und drückt sie, so fest sie nur kann.

Ein neuer Anfang

Drei Tage später ist es dann so weit: Laura fährt mit ihren Eltern zur Reitschule. Neben Laura sitzt Lisa, weil Laura ihre Freundin unbedingt dabeihaben will.
Lisa fühlt sich unbehaglich. Als sie sich der Unfallstelle nähern, klopft ihr Herz wie wild. Sie weiß nicht, wohin sie schauen soll.
Laura legt ihre Hand auf Lisas Hand und lässt sie dort, bis Papa das Auto vor der Reithalle parkt. Sie steigen aus und gehen zum Reitplatz. Dort trainieren drei Mädchen und ein Junge.

„Denk dran, Ulrike, das Hindernis ist jetzt zehn Zentimeter höher!“, ruft Herr Lubitsch. „Du musst Ramona vor dem Sprung also mehr antreiben!“

Ulrike reitet zum Ende des Platzes, wendet und galoppiert auf das Hindernis zu. Direkt davor nimmt sie Ramona kurz zurück, dann lässt sie das Pferd springen, stellt sich in die Steigbügel und beugt sich weit nach vorn. Ohne Probleme fliegen sie über die Stange.

„Gut so!“, ruft Herr Lubitsch. „Da waren noch mindestens zwanzig Zentimeter Luft.“

Als Herr Lubitsch Laura mit ihren Eltern und Lisa bemerkt, sagt er: „Guten Tag zusammen! Wir sind gleich fertig, es dauert nur noch ein paar Minuten.“
Papa nickt. „Lassen Sie sich nur Zeit, wir sind sowieso zu früh dran.“
Herr Lubitsch geht zum Hindernis und legt die Stange noch mal höher. Die drei Mädchen und der Junge schaffen mit ihren Pferden auch diese Höhe.
„Das reicht für heute“, sagt Herr Lubitsch. „Reitet eure Pferde trocken und bringt sie in den Stall.“
Er kommt über den Reitplatz, gibt Lauras Eltern und den beiden Mädchen die Hand. „Schön, dass du wieder da bist, Laura.“
„Ich freu mich auch.“
„Wir holen Prinzessin für dich – oder möchtest du lieber ein anderes Pony reiten?“, fragt Herr Lubitsch.

Laura schüttelt den Kopf.
Sie gehen in den Stall. Herr Lubitsch öffnet Prinzessins Box und führt sie heraus.
„Hallo, Prinzessin“, sagt Laura und streichelt sie vorsichtig.
Das Pony wiehert leise, macht den Hals lang und scheint etwas zu riechen. Laura holt einen Apfel aus der Hosentasche, gibt ihn Prinzessin und tätschelt liebevoll ihren Hals. Herr Lubitsch bittet Lisa, Sattel und Zaumzeug aus der Sattelkammer zu holen.
„Das kann ich doch selbst holen“, sagt Laura.
„Äh … ja … wenn du meinst“, stottert Herr Lubitsch.
Die Mädchen gehen zusammen in die Sattelkammer. Laura bringt den Sattel, Lisa das Zaumzeug. Und zusammen

machen sie Prinzessin für Lauras erste Reitstunde nach über einem Jahr fertig. „Wir gehen in die Halle, dort sind wir ungestört“, sagt Herr Lubitsch.
Laura führt Prinzessin in die Halle, die anderen folgen ihnen. Herr Lubitsch will Laura beim Aufsitzen helfen, aber sie möchte es allein versuchen. Sie schiebt den linken Fuss in den Steigbügel und stößt sich mit dem rechten Fuß ab. Beim ersten Mal klappt es noch nicht. Auch beim zweiten Mal hat sie noch zu wenig Schwung. Doch beim dritten Versuch

klappt es. Sie streift zwar mit dem rechten Fuß noch die Kruppe, aber sie sitzt im Sattel.

„Prima!“, lobt sie Herr Lubitsch. Er überprüft die Gurte und zieht sie noch etwas nach. Dann holt er ein langes Seil und befestigt es am Zaumzeug.

Laura ist überrascht und enttäuscht. Sie hat nicht erwartet, dass Herr Lubitsch sie an der Longe führen wird wie eine Anfängerin.

„Dann wollen wir mal“, sagt er.

Laura tickt Prinzessin mit den Fersen an, das Pony geht im Schritt. Laura spürt die Bewegungen und genießt es.

Herr Lubitsch korrigiert erst mal gar nichts und lässt Laura einfach drei Runden reiten. Dann fragt er: „Na, wie ist es?“

„Schön“, antwortet Laura. „Nur ein bisschen langsam.“

Er lächelt. „Wenn du traben möchtest, musst du zuerst aufrecht sitzen, die Fersen tiefer nehmen und die Zügel straffer halten.“
Laura macht alles und schaut kurz zu Herrn Lubitsch. Der nickt. „Du bist die Reiterin und musst dem Pony sagen, was es tun soll. Die Longe halte ich nur zur Sicherheit.“

Laura lässt Prinzessin leicht traben. Sie bemüht sich, aus dem Sattel zu kommen und sich wieder fallen zu lassen, aber sie ist noch viel zu verkrampft. Trotzdem korrigiert Herr Lubitsch sie auch jetzt noch nicht.

Lauras Eltern und Lisa stehen hinter der Bande und beobachten alles.

„Wie macht sie sich denn?“, fragt Lauras Mama leise. „Mein Mann und ich sehen das nicht so genau. Wir haben nämlich nicht viel Ahnung vom Reiten.“

„Gut“, antwortet Lisa schnell.

„Sie wirkt ziemlich steif, finde ich“, sagt Lauras Papa.

„Wenn man lange nicht geritten ist, muss man sich erst wieder an das Pony gewöhnen“, erwidert Lisa.

„Mhm“, macht er nur.

Nach einigen Runden sitzt Laura schon

lockerer im Sattel. Herr Lubitsch dreht sich zu ihren Eltern um und nickt ihnen zu. „Das ist schon recht ordentlich“, lobt er Laura. „Nimm Prinzessin jetzt zurück und reite im Schritt, damit du dich ein wenig ausruhen und entspannen kannst.“
Normalerweise korrigiert Herr Lubitsch während der Stunde viel mehr. Aber heute hält er sich bei Laura sehr zurück und fragt zum Schluss: „Na, wie geht’s? Wie fühlst du dich?“
„Gut, aber es ist ganz schön anstrengend.“
„Das ist kein Wunder nach so einer langen Pause“, sagt er. „Du musst nur Geduld haben, dann schaffst du es. Da bin ich ganz sicher.“
Laura nickt.
Herr Lubitsch lässt Laura mehrmals abwechselnd im Schritt reiten und traben.

Immer an der Longe. Hin und wieder korrigiert er auch etwas. Laura gibt sich Mühe, alles richtig zu machen, was ihr aber noch nicht gelingt.
Nach einer halben Stunde beendet Herr Lubitsch das erste Training. Er will Laura beim Absitzen helfen, aber sie möchte es allein probieren.
„Laura, das kannst du nicht!“, ruft ihre Mutter.
„Doch!“, sagt Laura. Sie beugt sich ein wenig nach vorn, hält sich mit der rechten Hand am Sattel fest und schwingt das rechte Bein über die Kruppe. Dann rutscht sie nach unten, bis sie auf dem Boden steht. „Hast du gesehen, dass ich es kann!“
Mama schüttelt den Kopf und lächelt. „Du darfst es aber nicht gleich übertreiben.“
„Keine Angst“, beruhigt sie Herr Lubitsch,

„dafür werde ich schon sorgen. Für den Anfang war das jedenfalls schon sehr beachtlich." Er klopft Laura anerkennend auf die Schulter.

Laura strahlt über das ganze Gesicht.

Auf dem Pferdemarkt

Nach der fünften Reitstunde reden Lauras Eltern mit Herrn Lubitsch.
„Für ein Mädchen mit … mit einer Prothese reitet Laura wirklich prima“, sagt er.
„Aber?“, fragt Lauras Vater. „Der Satz klingt so nach einem Aber.“
„Ja, wie soll ich sagen“, druckst Herr Lubitsch herum. „Sie hat … ihr fehlt eben das Gefühl im rechten Bein.“
„Das ist ja wohl klar.“
„Natürlich“, sagt Herr Lubitsch schnell. „Das ist auch kein Vorwurf, sondern nur eine Feststellung.“
Lauras Mutter möchte wissen, was diese Feststellung bedeutet.
„Laura kann selbstverständlich reiten, wenn sie es möchte“, antwortet Herr

Lubitsch. „Aber eben nur als Hobby, nicht mit dem Ziel, an Turnieren teilzunehmen. Das würde sie nicht schaffen."

„Wenn das alles ist", sagt Lauras Vater, „damit haben wir keine Probleme. Hauptsache, Laura kann wieder reiten und es macht ihr Freude. Olympiasiegerin braucht sie nicht zu werden."

„Und was schlagen sie für die Zukunft vor?", fragt Lauras Mutter. „Braucht Laura noch Einzelstunden oder kann sie am Gruppenunterricht teilnehmen?"

Herr Lubitsch reibt sich das Kinn. „Mit Gruppen ist es leider nicht so einfach. Für die Anfänger reitet Laura viel zu gut, da würde sie sich bald langweilen. Und zu den Fortgeschrittenen kann ich sie schlecht nehmen, weil ich die schon auf Turniere vorbereite. Am besten wären meiner Meinung nach in den nächsten Wochen Einzelstunden, damit Laura noch sicherer wird."
„Gut", sagt Lauras Vater, „wir kennen jetzt ihre Meinung und werden mit Laura besprechen, wie es weitergehen soll."
Sie verabschieden sich und fahren nach Hause.
Zu Hause versuchen sie, ihrer Tochter schonend beizubringen, was Herr Lubitsch gesagt hat. Obwohl Laura längst ahnt, dass sie mit einer Prothese keine große Reiterin werden kann, ist sie doch

enttäuscht. Vor ihrem Unfall hatte sie nämlich immer den Wunsch gehabt, später Turniere zu reiten. Und so ganz hat sie die Hoffnung nie aufgegeben. Deswegen ist sie jetzt den Tränen nahe und ruft: „Dann kann ich ja gleich wieder aufhören!“

Mama nimmt sie in die Arme.

„Hauptsache, du kannst überhaupt wieder reiten, mein Schatz. Das hätten wir vor einem halben Jahr noch nicht zu träumen gewagt.“

„Aber ich …“

„Einen Schritt nach dem andern“, unterbricht Papa sie. „Wir haben gesehen, dass du wieder reiten kannst. Und Herr Lubitsch hat dich ja auch sehr gelobt. Jetzt sollst du, wie versprochen, ein eigenes Pony bekommen. Wenn du mit dem dann fleißig trainierst, kannst du später vielleicht doch mal Turniere reiten.“
„Bekomme ich wirklich ein eigenes Pony?“
Papa nickt. „Ich habe mich schon erkundigt. Am Samstag ist in der Nähe von Stuttgart ein großer Pferdemarkt. Da fahren wir hin.“
Laura schlingt die Arme um ihren Papa, drückt ihren Kopf gegen seinen Bauch und nuschelt etwas in seinen Pulli, was niemand versteht.
Am frühen Samstagmorgen fahren sie los. Nach einer guten Stunde sieht Papa am

Straßenrand ein handgemaltes Schild, auf dem „Pferdemarkt“ steht. Ein dicker roter Pfeil zeigt nach rechts.

Mama biegt an der nächsten Kreuzung rechts ab. Laura kann es kaum noch erwarten, bis sie endlich da sind. Als sie dann die vielen Autos auf dem Parkplatz und entlang der Straße sieht, sagt sie: „Wir hätten früher losfahren sollen. Jetzt sind schon so viele Leute vor uns hier, dass wir vielleicht gar kein Pferd mehr bekommen.“

Papa schaut nach hinten und schüttelt den Kopf. „Das glaub ich nicht. Wir finden ein Pferd für dich, wenn nicht heute, dann eben ein andermal.“
Mama entdeckt eine Lücke zwischen zwei Autos und parkt rückwärts ein. Dann müssen sie noch ein Stück gehen. Laura staunt, denn so viele Pferde hat sie nicht erwartet. Sie weiß gar nicht, wohin sie schauen soll. „Guckt mal, das ist ein

schöner Schimmel! Und der Fuchs ist auch schön!“

„Aber die sind doch viel zu groß für dich“, sagt Mama. „Wir müssen Ponys suchen.“

Es dauert nicht lange, bis sie vor den ersten stehen.

„Das soll ein Pony sein?“, fragt Mama verwundert. „Das ist ja fast so groß wie die Pferde da drüben.“

„Wir haben auch kleinere“, sagt der

Händler und führt sie zu einem schwarzen Islandpony.

„Einen Rappen will ich nicht", murmelt Laura.

„Das ist aber eines der schönsten Ponys hier", preist der Händler den Rappen an. „Und sehr kräftig. Auf dem kannst nicht nur du reiten, das kann sogar deine Eltern tragen."

„Wir wollen nicht reiten", erwidert Mama. Dann gehen sie weiter, weil ihnen der Händler zu aufdringlich ist.

Manche Händler bieten ihre Pferde wie Marktschreier an. Andere handeln und feilschen mit Kunden lautstark über Preise. Lauras Vater spitzt die Ohren.

„Ziemlich teuer", meint er.

„Aber ich kriege doch trotzdem eines?", fragt Laura besorgt.

Mama drückt Lauras Hand ein wenig

fester. „Keine Angst, mein Schatz, du bekommst dein Pony.“

Sie gehen langsam über den Markt, sehen sich die Ponys an, bleiben da und dort stehen.

„Das ist doch ein schönes Pony“, sagt Mama und zeigt auf eine Fuchsstute. „Und es ist auch nicht so groß.“

Laura macht ein paar Schritte auf das Pony zu. Seine Ohren drehen sich wie kleine Radarschirme.

„Hallo!“, sagt Laura leise.

Das Pony hebt den Kopf, zieht die Oberlippe hoch und atmet tief ein.

„Pass auf!“, ruft Papa, weil er denkt, das Pony fletsche die Zähne und wolle Laura beißen.
„Aber Papa, es flehmt doch nur“, erklärt Laura.
„Ihre Tocher scheint sich gut auszukennen“, sagt ein Mann, der neben dem Pferdehänger steht.
Laura hebt die Hand und streicht dem Pony sacht über den Kopf, bis zu der weichen Nase. Dann dreht sie sich um und sagt: „Das möchte ich.“
„Aber … aber … du kannst … das Pony ist …“, stammelt der Mann.
„Ist es schon verkauft?“, fragt Papa.
Der Mann schüttelt den Kopf.
„Was denn dann?“
„Es … es ist fast blind.“
Laura starrt den Mann mit großen Augen und offenem Mund an.

„Blind?“, fragt Mama, als könne sie nicht glauben, was sie eben gehört hat.
„Warum bieten sie es dann überhaupt hier an?“, möchte Papa wissen.
Der Mann klopft dem Pony den Hals.
„Weil Winni ein prima Pony ist – nur leider für den Reitbetrieb nicht mehr zu gebrauchen. Aber sie kann noch einige Fohlen zur Welt bringen.“

Papa zuckt mit den Schultern. „Schade, unsere Tochter hätte das Pony gern gehabt, aber …“
„Ich möchte es immer noch“, fällt Laura ihrem Papa ins Wort.
Er guckt sie überrascht an. „Du hast doch gehört, dass es fast blind ist.“
Laura bewegt eine Hand dicht vor Winnis Augen hin und her. Winnis Kopf folgt der Hand. „Sie ist gar nicht blind, sie sieht meine Hand.“
„Ja, sie sieht noch ein wenig“, bestätigt der Mann, „aber seit einem halben Jahr lässt Winnis Sehkraft leider immer mehr nach.“
Laura möchte Winni trotzdem haben. Ihre Eltern sind nicht einverstanden und wollen sich weiter auf dem Markt umsehen. Aber Laura weicht nicht von Winni. Papa versucht, Laura das halb blinde Pony

auszureden. Mama versucht, ihr einzureden, dass es noch schönere Ponys als Winni gibt. Doch sie reden wie gegen eine Wand.

„Mit einem blinden Pony kannst du nicht trainieren und keine Turniere reiten“, macht Papa einen letzten Versuch.
„Das kann ich ja sowieso nicht“, entgegnet Laura.

„Vor ein paar Tagen hat sich das aber noch ganz anders angehört."
Laura schweigt. Sie dreht sich zu dem Pony und streichelt es.
„Nur weil du nicht mehr gut siehst, will dich niemand haben", murmelt sie. „Die sind alle ganz gemein. Aber ich will kein anderes Pony, ich will nur dich."
„Laura, nun sei bitte vernünftig", sagt Papa. „Wir können doch kein blindes Pony kaufen."
„Warum nicht?", fragt Laura. „Ich kann mit meinem halben Bein ja auch nicht mehr richtig laufen und ihr habt mich trotzdem nicht weggeschickt."
Ihre Eltern sind einen Augenblick lang sprachlos. Dann sagt Mama: „Das … das ist doch etwas völlig anderes."
„Ist es nicht", widerspricht Laura. „Winni kann nicht mehr richtig sehen, ich kann

nicht mehr richtig gehen. Aber ich kann ihr den Weg zeigen und sie kann mich tragen. Also passen wir zwei gut zusammen."

Eine Koppel für Winni

Laura hat es geschafft. Winni bekommt einen Platz im Stall von Herrn Lubitsch. Aber dort steht sie den ganzen Tag in einer Box und das findet Laura nicht gut. Außerdem möchte sie ihr Pony näher bei sich haben, am liebsten im Garten. Die Eltern sind von dieser Idee nicht gerade begeistert. Aber Laura gibt wieder mal keine Ruhe.

„Du klagst doch immer, dass du so viel mähen musst, weil unser Garten so groß ist“, sagt sie zu ihrem Vater.

„Ja, schon …“

„Wenn wir die Hälfte zu einer Koppel für Winni machen, hast du weniger Arbeit“, meint Laura.
„Hahaha!“, lacht er künstlich. „Von weniger Arbeit kann wohl keine Rede sein, wenn wir ein Pony im Garten haben.“
„Wenn wir Winni nicht in den Garten holen, muss ich jeden Tag mit dem Fahrrad zum Reitstall fahren, vielleicht sogar zwei- oder dreimal“, sagt Laura.
„Kommt nicht in Frage!“, entgegnet Mama.
„Dann müsst ihr mich jedes Mal hinfahren!“
„Hm“, macht Mama und schaut ihren Mann an. „Ich weiß nicht so recht.“
Bevor Papa etwas sagen kann, nimmt Laura ihn an die Hand. „Kommt mal mit, ich muss euch etwas zeigen!“
Sie führt ihre Eltern in den Garten, der so groß ist, dass noch zwei Häuser Platz

darin hätten. Ungefähr in der Mitte bleibt Laura stehen. „Wenn hier ein Zaun hinkommt, hat Winni genug Platz und wir haben immer noch einen schönen Garten."
Den Eltern bereitet die Vorstellung von einem Pony im Garten immer noch Probleme. Aber wie beim Kauf von Winni lässt Laura so lange nicht locker, bis sie schließlich zustimmen.

Ein paar Tage später ist der halbe Garten zu einer Koppel geworden. An der Südseite des Geräteschuppens ist jetzt ein Unterstand für Winni.
Herr Lubitsch bringt Winni in einem Pferdehänger. Laura nimmt sie in Empfang und führt sie auf die Koppel. „Hier bist du jetzt zu Hause", sagt sie leise und hält ihr einen Apfel unters Maul.

Winni riecht ihn, sucht mit ihren weichen Lippen und schwupp, schon hat sie ihn im Maul. Während Winni kaut, streichelt Laura sie zärtlich.
„Komm, ich zeige dir alles“, sagt sie und führt Winni zuerst am Zaun entlang.
„Hier ist ein Unterstand für dich. Da kannst du reingehen, wenn es regnet und stürmt oder wenn du mal deine Ruhe haben möchtest.“

Winni zieht die Luft ein und ihre Ohren drehen sich nach allen Richtungen. Laura lässt ihr Zeit, die vielen neuen Gerüche und Geräusche aufzunehmen. Dann führt sie ihr Pony zu dem Apfel- und dem Pflaumenbaum. „Unter die Bäume kannst du dich stellen oder legen, wenn es dir im Sommer zu warm wird. Dann bist du im Schatten.“
Winni wiehert und dieses Wiehern hört sich so an, als habe sie alles verstanden und sei zufrieden. Laura gibt ihr noch mal einen Apfel und streichelt sie wieder.
Lauras Eltern und Herr Lubitsch stehen am Gatter und beobachten die beiden.
„Ich finde es schön für Laura, dass sie ihr Pony im eigenen Garten hat“, sagt Herr Lubitsch. „Aber ich sehe da ein Problem.“
„Welches?“
„Ponys sind keine Einzelgänger, sondern

gesellige Tiere“, antwortet Herr Lubitsch. „Deswegen ist es nicht gut, wenn sie allein sind.“

„Sollen wir vielleicht noch ein Pony kaufen?“, fragt Lauras Vater.

Herr Lubitsch zieht die Schultern hoch. „Das müssen sie selbst entscheiden. Ich wollte es ihnen nur gesagt haben.“

„Ein Pony reicht uns für den Anfang“, brummt Lauras Vater. „Wir wollen ja keinen Reitstall aufmachen.“

„Schade“, sagt Laura, die alles gehört hat.

„Laura, du solltest Winni jetzt eine Weile allein lassen, damit sie sich in Ruhe mit ihrer neuen Umgebung vertraut machen kann“, meint Herr Lubitsch.

Laura verabschiedet sich von ihrem Pony, als müssten sie sich mindestens eine Woche trennen. Dann geht sie mit ihren Eltern ins Haus. Sie stellt sich ans Wohnzimmerfenster und beobachtet Winni auf ihrer Koppel.
Plötzlich spürt sie eine Hand auf ihrer Schulter und dreht den Kopf. Mama steht hinter ihr und fragt: „Bist du jetzt zufrieden?“
Laura schlingt die Arme um ihre Mutter und drückt sich an sie.

Nicht zu bremsen

Laura verbringt jede freie Minute mit ihrem Pony. Sie hat kaum noch Augen und Ohren für andere Dinge. Jeden Tag bürstet und striegelt sie Winni ausgiebig. Dabei redet sie meistens mit ihr.
„Laura, du solltest daran denken, dass Winni nicht alles im Leben ist“, sagt Mama. „Du vernachlässigst deine Freundin und vom Klavierspielen will ich gar nicht reden.“
Laura murmelt etwas, was Mama nicht versteht.
„Möchtest du nicht Lisa anrufen …“
„Heute nicht, heute möchte ich endlich mit Winni reiten.“
„Muss das sein?“, fragt Mama. „Mir wäre es lieber, du würdest warten, bis Papa hier ist.“

„Der kommt ja erst in einer Woche wieder“, entgegnet Laura. „So lange kann ich nicht warten.“
„Aber dann nur auf der Koppel“, sagt Mama. „Hinaus lasse ich dich alleine nicht!“
„Jaja.“
„Und erst wenn du mit den Hausaufgaben fertig bist“, fügt Mama noch energisch hinzu.
Ohne ein weiteres Wort verschwindet Laura in ihrem Zimmer. Dort setzt sie sich gleich an die Aufgaben. Rechnen macht ihr keine Probleme, damit ist sie schon nach einer Viertelstunde fertig. Die angefangene Collage zum Thema „Das bin ich“ für Kunst hat noch bis nächste Woche Zeit. Also weg damit! Laura nimmt ihr Lesebuch, schlägt die Seite 63 auf und liest:

Ich?

Heute haben mich meine Eltern
neu eingekleidet.
Neues Hemd.
Neuen Pulli.
Neue Jacke.
Neue Hose.
Neue Schuhe.

Meine Mutter und die Verkäuferinnen
haben immer gesagt,
alles passe gut zusammen –
und zu mir.

Aber
wenn ich die neuen Sachen trage,
ist mir ganz komisch.
Ich weiß gar nicht mehr,
ob ich noch ich bin.

So geht's mir auch manchmal, denkt Laura. Wenn ich etwas Neues zum Anziehen bekomme, muss ich mich erst daran gewöhnen. Und wenn Mama mir etwas besonders Schönes kauft, fällt mir das meistens besonders schwer. Dann habe ich manchmal auch so ein komisches Gefühl wie das Mädchen in dem Gedicht. Mädchen?, fragt sich Laura. Sie liest das Gedicht noch mal. Es könnte auch ein Junge sein, denkt sie. Aber ich glaube, es ist von einem Mädchen die Rede. Ob sich Jungs manchmal auch so fühlen? Keine Ahnung. Jungs sind

sowieso irgendwie doof. Jedenfalls die meisten. Die haben nur Fußball im Kopf, sonst nichts.
Laura nimmt ihren Füller und schreibt:

> Ich finde das Gedicht gut, weil es
> mir manchmal auch so geht.

Damit hat sie eigentlich schon alles geschrieben, was ihr zu dem Gedicht einfällt. Aber das ist natürlich noch viel zu wenig. Sie schaut auf die Uhr und nagt auf ihrem Füller herum.

> Es ist gar kein richtiges Gedicht,
> weil es sich nicht reimt.

Noch ein Satz, aber immer noch zu wenig.

> Warum dürfen Kinder nicht kaufen und anziehen, was ihnen gefällt? Dann würden sie sich viel wohler fühlen.

Jetzt sieht die Seite schon nicht mehr so leer aus. Und langsam kommt Laura in Fahrt.

> Ich habe eine Lieblingsjeans, die wollte meine Mama schon wegschmeißen, weil sie verwaschen und am Po aufgeplatzt ist. Aber mir gefällt sie besser als die zwei neuen, die wir gekauft haben. Und bevor man den Po ganz sieht, gebe ich sie nicht her.

Bei diesem Satz muss Laura kichern.

Meine Lieblingsjeans gehört
zu mir wie …

Laura stockt und schaut vom Heft auf. Ihr Blick geht zum Fenster und folgt den vorbeiziehenden Wolken. Nach einer Weile holt sie die angefangene Collage aus der Schublade und betrachtet sie. In die Mitte hat Laura ein Foto von sich geklebt. Darunter ein ausgeschnittenes Pferd. Rechts oben klebt ein Klavier, links eine Pizza und ein Eisbecher.
Laura fährt mit der Hand über ihr rechtes Bein. Die Prothese gehört auch zu mir, sagt sie in Gedanken. Sie ist mein halbes zweites Bein und unterscheidet mich von den anderen Kindern. So wie mich der

Leberfleck auf dem Rücken von den anderen unterscheidet.
Laura killert den angefangenen letzten Satz weg. Dann steht sie auf. Sie will zu Winni.
Auf der Treppe kommt ihr Mama entgegen. „Bist du mit den Hausaufgaben schon fertig?"
„Ja."
„Ich würde sie gern sehen."
„Ich zeige sie dir später." Laura will an Mama vorbei.
„Nicht später, jetzt gleich", sagt Mama ruhig. „Winni läuft dir ja nicht weg."
„Du bist gemein!", ruft Laura.
„Das bin ich ganz bestimmt nicht, nur weil ich deine Hausaufgaben sehen möchte."
„Doch!"
„Laura, nun mach kein Theater!", sagt Mama jetzt einen Ton lauter. „Wenn du

alles gemacht hast, kannst du in fünf Minuten raus."

Laura kehrt um und geht zurück in ihr Zimmer. „Da!", sagt sie nur und zeigt auf ihr Deutschheft.

Mama nimmt es und liest. „Was soll denn das sein?"

Laura hält ihr das Lesebuch vor die Nase. „Zu dem Gedicht!"

„Laura!“ Mama hat Mühe, sich zu beherrschen. Sie nimmt ihrer Tochter das Buch aus der Hand und liest das Gedicht. Dann überfliegt sie noch einmal, was Laura geschrieben hat. „Mehr ist dir dazu nicht eingefallen?“
„Nein!“
„Und du glaubst, das mit dem Po interessiert deine Lehrerin?“
„Weiß ich nicht.“
„Was hast du denn am Schluss weggekillert?“, will Mama wissen.
„Nichts!“
Mama zieht die Augenbrauen hoch. „Seit wann muss man denn nichts wegkillern?“
„Der Satz hat nicht gepasst, wenn du es so genau wissen willst“, sagt Laura genervt.
Mama schaut wieder ins Heft. „Aber ein richtiger Schluss ist das nicht.“

„Wir müssen auch keinen Aufsatz schreiben, sondern nur das, was uns zu dem Gedicht einfällt. Und mehr ist mir nicht eingefallen!"
„Schade." Mama legt das Heft weg und überprüft noch die Rechenaufgaben.
„Kann ich jetzt endlich gehen?", fragt Laura mit zitternder Stimme.
„Meinetwegen."
Schon ist Laura draußen.
Auf der Koppel legt sie Winni das Zaumzeug an, sattelt sie und sitzt auf. Dann reitet sie im Schritt am Koppelzaun entlang. Dabei redet sie leise mit ihrem Pony und sagt ihm, worauf es achten soll. Und sie gibt mit den Beinen und den Zügeln kleine Hilfen. Winni bewegt sich mit jeder Runde sicherer.
Nach der vierten Runde fasst Laura die Zügel kürzer, verstärkt den Schenkeldruck

und schnalzt mit der Zunge. Winni reagiert sofort und wechselt fließend vom Schritt zum Trab. Bei den ersten Trabsprüngen bleibt Laura noch sitzen, dann federt sie gleichmäßig mit.
Mama steht am Gatter und beobachtet alles mit angespannter Miene. „Nicht so schnell!“, ruft sie Laura zu.
Aber Laura und Winni sind nicht zu bremsen.

Der erste Ausritt

Laura und Winni verstehen sich jeden Tag besser. Winni mag es, wenn Laura bei ihr ist, sie streichelt und mit ihr redet. Und Laura mag es, wenn Winni ihr entgegenwiehert, an ihr riecht und mit dem weichen Maul ihr Gesicht berührt. Sie mag überhaupt alles an Winni. Und sie kann es kaum erwarten, endlich mit ihr auszureiten. Aber Mama erlaubt es nicht, solange Papa von der Geschäftsreise nicht zurück ist.
„Ich muss heute Nachmittag in die Stadt, um ein paar Sachen einzukaufen", sagt Mama nach dem Mittagessen. „Du kannst mitkommen, dann kaufen wir noch eine neue Jacke und ein paar Schuhe für dich."
„Keine Lust", antwortet Laura. „Und keine Zeit. Ich muss bis morgen einen Aufsatz

schreiben und meine Collage fertig machen."
„Das kannst du doch auch später noch."
„Sonst sagst du immer, ich soll meine Hausaufgaben gleich machen", sagt Laura.
„Ja, schon …"
„Ich bleibe lieber hier", sagt Laura, nimmt ihre Schultasche und geht aus dem Zimmer.
Mama will noch etwas sagen, behält es jedoch für sich.
Wenig später sieht Laura ihre Mutter im offenen Wagen wegfahren. Sie geht schnell zum Telefon, nimmt den Hörer ab, zögert und legt wieder auf. „Ich brauche niemand", murmelt sie vor sich hin, bleibt jedoch vor dem Telefon stehen. Wenn etwas passiert, könnte Lisa mir helfen oder Hilfe holen, denkt sie. Aber was soll

denn passieren? Winni und ich verstehen uns super, da kann nichts passieren. Wenn Lisa dabei ist, wird Winni höchstens abgelenkt. Ich reite allein.

Zehn Minuten später führt Laura ihr Pony aus dem Garten. Da sie am Ortsrand wohnen, müssen sie nur ein kurzes Stück auf der Straße gehen.

„Hallo, Laura!“, ruft eine Nachbarin. „Wo willst du denn mit dem Pony hin?“

Laura erschrickt. „Ich … ich will es nur ein wenig ausführen.“

„Darfst du denn allein … mit deinem Bein … ich meine, ist das nicht zu gefährlich?“

„Nein“, antwortet Laura nur und geht mit Winni weiter.

Die Nachbarin schaut den beiden kopfschüttelnd hinterher. Beim letzten Haus endet die Straße. Dahinter beginnt ein Feldweg, der zum nahe gelegenen Wald führt.
„Hier ist es schön weich“, sagt Laura zu Winni. „Das ist gut für deine Hufe.“
Winni setzt vorsichtig einen Huf vor den andern. Den Kopf senkt sie bis knapp über die Erde, um die neuen Gerüche aufnehmen zu können. Und ihre Ohren stehen nicht still.
„Keine Angst, Winni, es ist alles in Ordnung“, redet Laura beruhigend auf sie ein. „Nirgendwo gibt es ein Hindernis.“
Sie führt ihr Pony noch ein Stück am Zügel, bis sie spürt, dass es ruhiger wird und sogar zu grasen beginnt.
„Siehst du, hier draußen ist es schön“, sagt Laura. „Und es gibt auch saftiges

Gras für dich." Sie streichelt Winnis Hals. „Ich werde jetzt aufsitzen, dann reiten wir langsam bis zum Wald, damit du den Weg kennen lernst."
Laura schwingt sich in den Sattel. Dann nimmt sie die Zügel etwas straffer und tippt mit den Fersen kurz gegen Winnis Bauch. „Vorwärts."

Winni setzt sich in Bewegung und dreht sofort die Ohren nach hinten.
„Ich sage dir schon, wenn du aufpassen musst", sagt Laura. „Du kannst erst mal immer geradeaus gehen."

Es sieht so aus, als habe Winni Lauras Worte verstanden, denn sie geht ruhig im Schritt. Laura genießt es, mit Winni endlich ohne eingrenzenden Koppelzaun reiten zu können, auch wenn es vorerst nur im Schritt ist. Aber mehr will sie heute noch nicht wagen. Ihr Pony soll sich in Ruhe und ohne Angst wieder an das Reiten in freier Natur gewöhnen.
Nach etwa zweihundert Metern biegt der Weg nach links ab. Laura strafft den linken Zügel etwas und lässt den rechten ein wenig nach. Gleichzeitig drückt sie den inneren Schenkel gegen Winnis Seite und sagt. „Jetzt geht's nach links."
Winni wendet nach links.
„Sehr gut", lobt Laura ihr Pony. „Wir zwei schaffen es schon."
Mit jedem Schritt werden sie sicherer.
Laura braucht nur kleine Hilfen zu geben,

wenn sie die Richtung ändern will. Das Pony reagiert sofort. Es setzt gleichmäßig Fuß vor Fuß und Laura hat den Eindruck, Winni könne sehen, wohin sie tritt. Deswegen will sie Winni testen.
Ein Landwirt hat seinen Traktor mit angehängtem Wagen am Wegrand abgestellt. Laura möchte wissen, wann ihr Pony den Wagen sieht. Sie gibt ihm keine Hilfen und keine Zeichen. Winni geht genau auf den Wagen zu und bleibt erst stehen, als sie fast mit der Nase anstößt. Dann wirft sie den Kopf zurück und wiehert, als wolle sie sagen: Warum hast du mir nicht gesagt, dass etwas im Weg steht?
„Ruhig, ganz ruhig“, sagt Laura. „Es ist doch nichts passiert. Aber jetzt weiß ich ganz sicher, dass ich für dich sehen muss.“

Sie reitet um den Wagen herum und weiter bis zum Waldrand. Dort wendet sie und reitet wieder zurück.
Auf halber Strecke spürt Laura, dass ihr Pony unruhig wird. Es hebt den Kopf und lässt die Ohren kreisen.
„Was ist denn los?“, fragt Laura. Sie schaut sich um, kann aber nichts Besonderes entdecken. Sie klopft Winnis Hals. „Ruhig, Winni, ganz ruhig.“
Aber Winni wird nicht ruhiger. Laura lauscht – und hört Hundegebell. Das ist also der Grund für Winnis Unruhe. Das Gebell wird lauter und Laura sieht einen Hund näher kommen. „Keine Angst, der tut uns nichts“, sagt sie zu Winni.
Aber je näher der Hund kommt, desto nervöser tänzelt Winni. Der schwarz-weiß gescheckte Setter springt wild bellend vor ihr herum.

„Hau ab, du blöder Köter!“, ruft Laura, die Mühe hat, das Pony im Zaum zu halten.

Doch der Setter lässt sich nicht vertreiben. Plötzlich wiehert Winni laut und steigt. Laura stellt sich in die Bügel, beugt sich nach vorn und kann sich so im Sattel halten. Der Setter weicht vor Winnis gefährlichen Hufen zurück.
„Romeo!“, ruft jemand. „Romeo, bei Fuß!“ Ein Mann kommt angelaufen. „Romeo! Du sollst gehorchen!“
Der Setter zieht den Schwanz ein, läuft ein paar Schritte, dann legt er sich ins Gras. Der Mann schimpft schon von weitem und sein Hund kriecht ihm winselnd und wedelnd entgegen. Der Mann gibt ihm einen kräftigen Klaps und bindet ihn an die Leine.
„Ich hoffe, mein Romeo hat euch nicht allzu sehr erschreckt“, sagt er zu Laura. „Er ist mir leider entwischt, bevor ich euch gesehen habe.“

Laura kann gar nichts sagen, weil sie die immer noch erregte Winni halten muss. Wenigstens ist der Mann so vernünftig, dass er mit seinem Hund schnell weiter in Richtung Wald geht. Laura redet leise auf das Pony ein und langsam gelingt es ihr, Winni wieder zu beruhigen.
Das letzte Stück ihres ersten gemeinsamen Ausrittes schaffen sie ohne weitere Zwischenfälle. Und Mama ist zum Glück vom Einkaufen noch nicht zurück. So bleibt Laura ein Donnerwetter erspart.

Ich und du

Nachdem das Gedicht „Ich?“ im Deutschunterricht besprochen worden ist, geht Frau Sickinger zur Tafel und schreibt:

Mein Gesicht:

Ich habe ein Gesicht,
das passt mir selber nicht.
Doch es gehört zu mir,
wie dein Gesicht zu dir.

Die Kinder lesen das kleine Gedicht. Und wie meistens meldet sich Janina als Erste. „Mein Gesicht passt mir auch nicht. Ich hätte lieber ein anderes.“ „Das wäre aber schade“, sagt Frau Sickinger. „Dann wärst du gar nicht mehr unsere Janina.“

„Doch."
„Na, überleg mal!"
Während Janina überlegt, sagt Jessi: „Mein Gesicht ist okay, aber mein Po ist zu dick."
„Und ich wäre gern ein Stück größer", murmelt Alexander.
Nach und nach sagen die meisten Kinder, was ihnen an sich selbst nicht so gut gefällt und was sie gern anders hätten oder besser können würden.
„Ich finde es ganz prima, dass ihr so offen und ehrlich seid", sagt Frau Sickinger. „Das ist bei so einem heiklen Thema nicht selbstverständlich."
Dann redet sie mit den Kindern über das kleine Gedicht an der Tafel und wünscht sich, dass alle ein ähnliches Gedicht über sich schreiben.
„Ich bin doch keine Dichterin", ruft Janina.

„Vielleicht weißt du das nur noch nicht, weil du es noch nie ausprobiert hast“, sagt Frau Sickinger.
Auch ein paar andere Kinder meckern, weil sie nicht dichten können.
„Versucht es einfach mal“, ermuntert ihre Lehrerin sie.
Es dauert keine zehn Minuten, bis Jessi mit den Fingern schnipst. „Ich hab eins, ich hab eins!“, ruft sie und liest sofort vor:

„Mein Po

Ich habe einen Po,
der macht mich gar nicht froh.
Doch zum Glück seh ich ihn nicht
und das war schon mein Po-Gedicht.“

Die Kinder lachen und klatschen Beifall.
„Für die paar Minuten ist das wirklich

prima“, meint Frau Sickinger schmunzelnd.
Auch andere Kinder lesen ihre Gedichte vor.
Manche sind lustig, andere eher ernst.
Einige haben mit dem Reimen Schwierigkeiten und möchten lieber eine kleine Geschichte schreiben.
Laura und Lisa brauchen etwas länger, bis sie fertig sind. Lisa möchte ihr Gedicht nicht vorlesen und zeigt es nur der Lehrerin.

„Sehr schön", sagt Frau Sickinger.
Dann liest Laura ihr kleines Gedicht vor:

„Mein Bein

Mir fehlt ein halbes Bein
und das ist gar nicht fein.
Doch ich kann trotzdem gehn,
das könnt ihr alle sehn."

In der Klasse wird es ganz still. Frau Sickinger schluckt und weiß nicht, was sie sagen soll.

Nach der Schule fragt Lisa ihre Freundin:
„Warum hast du das geschrieben?"
„Weil es stimmt", antwortet Laura.
„Ja, schon … aber … ich …", stammelt Lisa.
„Was ist denn?"

Lisa sagt nichts mehr.
„Warum soll ich nicht darüber schreiben?“, fragt Laura. Sie klopft gegen ihre Prothese. „Das Bein gehört zu mir, so wie dein Bein zu dir.“
Lisa bleibt stehen. „Ich kann mir nicht vorstellen, kein richtiges Bein mehr zu haben, sondern nur noch so ein künstliches. Ich glaube, ich könnte damit nicht gehen.“
„Klar könntest du, genauso gut wie ich.

Aber jetzt reden wir nicht mehr von unseren Beinen.“ Laura nimmt Lisa an die Hand. „Ich hab eine Idee: Heute Nachmittag reiten wir zusammen aus. Du mit Wirbelwind und ich mit Winni.“
„Hä?“, fragt Lisa überrascht.
„Oder meinst du, Herr Lubitsch erlaubt es nicht?“
„Doch, ich glaub schon. Wenn ich ihm sage, dass ich mit dir und Winni ausreiten möchte, erlaubt er es bestimmt“, meint Lisa.
Sie verabreden sich für den Nachmittag. Lisa soll Wirbelwind holen und auf Feldwegen hinter den Häusern zu Laura reiten.

Kurz nach halb drei spitzt Winni die Ohren und wiehert laut. Wenig später hört auch Laura Pferdegetrampel. Sie führt ihr Pony durch den Garten und sitzt auf.
„Hallo!“, ruft Lisa.
„Hallo!“, antwortet Laura.
Auch Wirbelwind und Winni begrüßen sich.
Mama steht am Gartentor. „Seid mir ja vorsichtig! Und reitet nicht zu weit hinaus!“
„Jaja, du brauchst keine Angst zu haben“, sagt Laura. „Wir passen schon auf.“
Die beiden reiten im Schritt davon. Mama schaut ihnen hinterher und man sieht ihr an, dass sie sich Sorgen macht. Winni geht im Gleichschritt mit Wirbelwind. Es

sieht so aus, als fühle sie sich an der Seite eines anderen Ponys sicherer. Das rechte Ohr dreht sich abwechselnd nach rechts zu Wirbelwind und nach hinten zu Laura.

Als sie an die erste Abbiegung kommen, lenkt Laura ihr Pony mit kleinen Hilfen nach links.

Lisa staunt und fragt: „Ist Winni wirklich blind?"

„Nicht ganz, aber fast", antwortet Laura. „Ich hab's ausprobiert."

„Wie?"

Laura erzählt die Geschichte mit dem Wagen.

„Aber du kannst nur im Schritt mit Winni reiten", sagt Lisa.

Laura schüttelt den Kopf. „Heute traben wir."

„Ist das nicht zu gefährlich?"

„Du bist ja bei mir“, antwortet Laura und lässt Winni traben.
Lisa ist sofort wieder neben Laura und beobachtet sie und das Pony aufmerksam.
Winni trabt locker neben Wirbelwind her.
Laura dreht den Kopf und strahlt ihre Freundin an.
Sie reiten, bis der Weg scharf nach rechts abbiegt. Lisa nimmt Wirbelwind zurück.
Laura reitet weiter im Trab. Erst nach der Abbiegung bringt sie Winni zum Stehen.
Lisa kommt näher und sagt: „Wenn man euch reiten sieht, glaubt kein Mensch, dass Winni fast blind ist und du … eine Prothese hast.“
„Danke!“

Leserätsel

mit dem Leseraben

Super, du hast das ganze Buch geschafft! Hast du die Geschichte ganz genau gelesen? Der Leserabe hat sich ein paar spannende Rätsel für echte Lese-Detektive ausgedacht. Mal sehen, ob du die Fragen beantworten kannst. Wenn nicht, lies einfach noch mal auf den Seiten nach. Wenn du die richtigen Antwortbuchstaben in die Kästchen auf Seite 91 eingesetzt hast, bekommst du das Lösungswort.

Fragen zur Geschichte

1. Wie kommt es zu Lauras Unfall? (Seite 10/11)

T: Laura kann nicht mehr rechtzeitig bremsen.
K: Laura fährt einfach ihrer Freundin hinterher.

2. Wo hat Laura ihre ersten Reitstunden nach dem Unfall? (Seite 26/27)

S: In einer speziellen Reitschule für Kinder mit Behinderung.
O: Im Reitstall von Herrn Lubitsch, wo Laura schon vor ihrem Unfall geritten ist.

3. Warum möchte Laura unbedingt Winni und kein anderes Pony haben? (Seite 48/49)

P: Weil sie findet, dass Winni gut zu ihr passt.

E: Aus Mitleid, weil Winni niemand haben will.

4. Welches Problem sieht Herr Lubitsch, wenn Laura Winni im Garten hält? (Seite 54/55)

P: Ponys sind kein Einzelgänger, sondern gesellige Tiere.

K: Winni hat im Garten zu wenig Auslauf.

5. Warum wird Winni auf dem ersten Ausritt nervös und steigt? (Seite 76)

I: Weil sie einem Wagen ausweichen muss, den sie nicht gesehen hat.

E: Weil ein bellender Hund um sie herumspringt.

6. Warum ist Lisa so erstaunt, als sie mit Laura und Winni ausreitet? (Seite 88/89)

L: Weil man gar nicht merkt, dass Winni blind ist und Laura eine Prothese hat.

H: Weil Laura und Winni im Trab reiten können.

Lösungswort:

1	2	3	4	5	6

Rabenpost

Super, alles richtig gemacht! Jetzt wird es Zeit für die RABENPOST.
Schicke dem LESERABEN einfach eine Karte mit dem richtigen Lösungswort. Oder schreib eine E-Mail.
Wir verlosen jeden Monat 10 Buchpakete unter den Einsendern!

An den LESERABEN
RABENPOST
Postfach 20 07
88 190 Ravensburg
Deutschland

leserabe@ravensburger.de
Besuche mich doch auf meiner Webseite:
www.leserabe.de